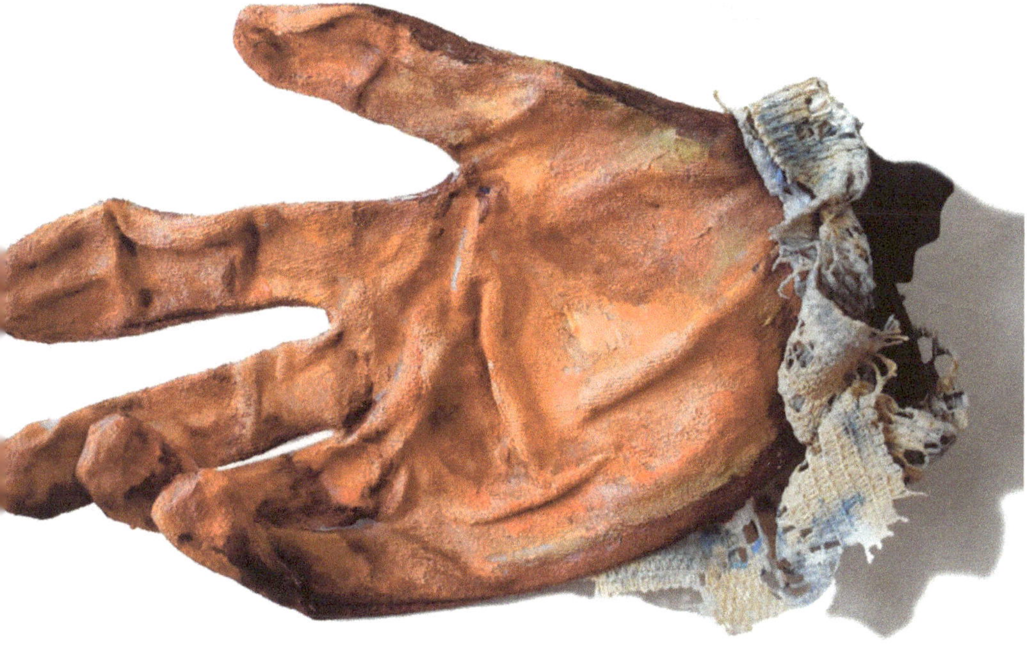

Give Me Your Hand
Tabhair Dom Do Lámh

Haiku & senryū for young readers
Haiku & senryū do léitheoirí óga

Gabriel Rosenstock

Disclaimer: *Artwork used in this book, with the exception of original copyrighted paintings and reproduced here with kind permission of the artists, falls under the Public Domain or Fair Use category and is widely available on the internet on such platforms as Wikiart, Rawpixel, Museo and Artvee.*

Fógra Séanta: *Baineann an obair ealaíne sa leabhar seo leis an bhFearann Poiblí, nó leis an gcatagóir Úsáid Chóir, agus fáil uirthi go forleathan ar an idirlíon ar ardáin ar nós Wikiart, Rawpixel, Museo agus Artvee, seachas an saothar le Kris Rac ar an gclúdach, agus istigh, móide saothar le Scott Fraser ar lch 57 a chuirtear i gcló anseo le caoinchead na n-ealaíontóirí.*

Clúdach / *Cover:* Kris Rac

Published by the author, 2025.
Layout and design: *Mandy Marcus*

Ealaíontóirí / Artists

Eugène Jansson (An tSualainn / *Sweden*)
....08

Justus Juncker (An Ghearmáin / *Germany*)
....10

Eugène Burnand (An Eilvéis / *Switzerland*)
....12

Rosa Bonheur (An Fhrainc / *France*)
....14

Hashimoto Kansetsu (An tSeapáin / *Japan*)
....16

Walter Osborne (Éire / *Ireland*)
....18

Józef Chełmoński (An Pholainn / *Poland*)
....20

Wilhelm Heinrich Detlev "Big Bill" Körner (An Phrúis/SAM / *Prussia/USA*)
....22

Claude Monet (An Fhrainc / *France*)
....24

Joseph Frank Currier (SAM / *USA*)
....26

Paul Peel (Ceanada / *Canada*)
....28

Carl Gustav Carus (An Ghearmáin / *Germany*)
....30

Ladislav Mednyánszky (An Ungáir / *Hungary*)
....32

Odilon Redon (An Fhrainc / *France*)
....34

George Wesley Burrows (SAM / *USA*)
....36

Katsushika Hokusai (An tSeapáin / *Japan*)
....38

Władysław Ślewiński (An Pholainn / *Poland*)
....40

Utagawa Hiroshige (An tSeapáin / *Japan*)
....42

Vladimir Makovsky (An Rúis / *Russia*)
....44

Anon (Iáva, 13ú haois/ *Java, 13th cent.*)
....46

Jules Bastien-Lepage (An Fhrainc / *France*)
....48

Seiju Omoda (An tSeapáin / *Japan*)
....50

Jan Mankes (An Ollainn / *Holland*)
....52

Elizabeth Thompson (An Bhreatain & Éire / *Britain & Ireland*)
....54

Théodore Rousseau (An Fhrainc / *France*)
....56

Scott Fraser (SAM / *USA*)
....58

Tadeusz Makowski (An Pholainn / *Poland*)
....60

Chaïm Soutine (An Bhealarúis & An Fhrainc / *Belarus & France*)
....62

Robert Henri (SAM / *USA*)
....64

Ohara Koson (An tSeapáin / *Japan*)
....66

Cecilia Harrison (Éire / *Ireland*)
....68

Fernand Pelez (An Fhrainc / *France*)
....70

Frank Duveneck (SAM / *USA*)
....72

Belfast Mural (Tuaisceart Éireann / *Northern Ireland*)
....74

Eanger Irving Couse (SAM / *USA*)
....76

Charles Verlat (An Bheilg / *Belgium*) 78

John Frederick Herring Snr (An Bhreatain / *Britain*) 80

Marie-Geneviève Favart (An Fhrainc / *France*) 82

Ng'ang'a Ndeveni (An Chéinia / Kenya) 84

Kris Rac (SAM / *USA*) 86

Iarfhocal / Afterword 90

gan soilse
á dtreorú . . .
aimsíonn tonnta an trá

without lights
to guide them . . .
waves find a shore

piorra – sea –
ach cad is dóigh le feithidí
de?

a pear – yes –
but what do insects think
it is?

asal óg
ag déanamh a bhealaigh
tríd an saol mór

*young donkey
making his way . . .
this great big world*

ciúnas na foraoise
á líonadh
ag solas na gréine

sunshine . . .
filling the silence
of the forest

ceolfhoireann dhofheicthe
á stiúradh aige –
giobún

conducting
an invisible orchestra –
the gibbon

Bleá Cliathaigh . . .
taitníonn dea-haiku leo
agus pionta deas pórtair dá n-éis

Dubliners . . .
they do like good haiku
followed by a cool pint of stout

nach álainn é!
bealach na bó finne
trí pholl sa chuirtín

how beautiful!
through a hole in the curtain
the Milky Way

(Issa 1763-1828)

géanna ag taisteal -
téann aigne an duine, leis,
ar fán

geese fly off –
and the human mind, too,
wanders

(Issa)

é ag stánadh orm
gan stad . . .
buaf i measc na nduilleog báite

it just stares
all the time . . .
toad among water lilies

(Issa)

ina haonar is í ag éamh
éinín gan mháthair . . .
contráth fómhair

alone she cries
a motherless bird . . .
autumn dusk

(Issa)

nach breá an saol é, ar siad . . .
froganna beaga
froganna móra

it's a fine life, they say . . .
small frogs
big frogs

(Issa)

tá an lá istigh . . .
do na daoine
agus do na fir bhréige

the day is done . . .
for people
and for scarecrows

(Issa)

ná caoinigí, a fheithidí
tiocfaidh feabhas ar an saol
in am tráth

insects, don't cry!
things will get better
all in good time

(Issa)

féileacán ag scinneadh thart –
gach orlach dem' bhothánsa
iniúchta aige

a butterfly flits about –
examining every corner
of my hut

(Issa)

sicín bacach
ag tarraingt na gcos . . .
lá fada

lame chicken
hobbling along . . .
wearisome day

(Issa)

damháin alla bheaga –
ag imeacht leo chun slí bheatha
a thuilleamh

wee spiders –
off they go
to earn a living

(Issa)

féach! tá súile
a mháthar aige . . .
dílleachta

look! he has
his mother's eyes . . .
orphan

a Shliabh Fuji
ag glaoch ort atáim!
Fuji-san!

   Fuji!
   I am calling you!
   Fuji-san!

a fhidléir!
seinn Cailíní Gleoite Mhainistir
na Féile led' thoil

fiddler!
please play
the Pretty Girls of Abbeyfeale

'is áille
ná páiste duine é!'
moncaí-mháthair bhródúil

'more beautiful
than any human child!'
proud monkey mother

an léir dó
domhan éigin eile?
bacach dall ag brionglóideach

can he see
a different world?
blind beggar dreaming

cosantóir na hoíche –
an cat ag teacht is ag imeacht
de shíor

guardian of the night –
endless comings and goings
of the cat

cad tá ar eolas aige
nach eol dúinne?
ligeann an préachán scréach

what does he know
that we don't know?
the crow is screaming

Waterloo . . .
cén fáth an gháir úd
Alba Gu Bràth?

Waterloo . . .
why do they cry
Scotland For Ever?

fuaim an dorchadais . . .
an préachán deireanach
glanta leis

sound of darkness . . .
the last crow
has vanished

uaigneas . . .
lus an chromchinn
leis féin

loneliness . . .
a single
daffodil

páistín uaigneach . . .
níor chreid éinne
gur thuig sé na héiníní

lonely child . . .
no one believed he could talk
to birds

tá a ghuth
ag briseadh . . .
córbhuachaill brónach

his voice
is breaking . . .
sad choirboy

cailleadh mo shinsir
faoi shneachta . . .
cailín den Chéad Náisiún

my ancestors perished
under snow . . .
First Nation girl

ní fhaca
an t-iasc ag teacht é . . .
cruidín

the fish
never saw him coming . . .
kingfisher

tiocfaidh sé! tiocfaidh sé!
George Macdonald, file,
ag feitheamh le dán

*it will come! it will come!
poet George Macdonald
waiting for a poem*

ní bheadh sé riamh mór go leor
dá chóta . . . ná dá hata
bacach óg

he never grew
into the coat . . . or the hat
beggar boy

chun ardú croí
a thabhairt dó féin . . .
tosnaíonn garsún ag feadaíl

to cheer himself up
a young boy
begins to whistle

mac dearmadta . . .
nach bhfuil dearmadta
níos mó

a forgotten son . . .
forgotten
no more

(Image: Ross, Geograph.org.uk)

plap!
léim frog . . .
ní fhacthas ó shin é

plop!
a frog jumped in . . .
never seen again

coc-a-dúdal-dú
an scéala céanna inniu
is a bhí inné

cock-a-doodle-doo
same news today
as yesterday

luch bhán
á lorg aige ar feadh a shaoil . . .
cat bán

*all its life
in search of a white mouse . . .
white cat*

nach bhfuil aon phort eile aige?
tic-teac
tic-teac . . .

    is that all it can say?
    tick-tock
    tick-tock . . .

ní féidir
ach do dhícheall a dhéanamh . . .
ostraisí na Céinia

all you can do
is put your best foot forward . . .
Kenyan ostriches

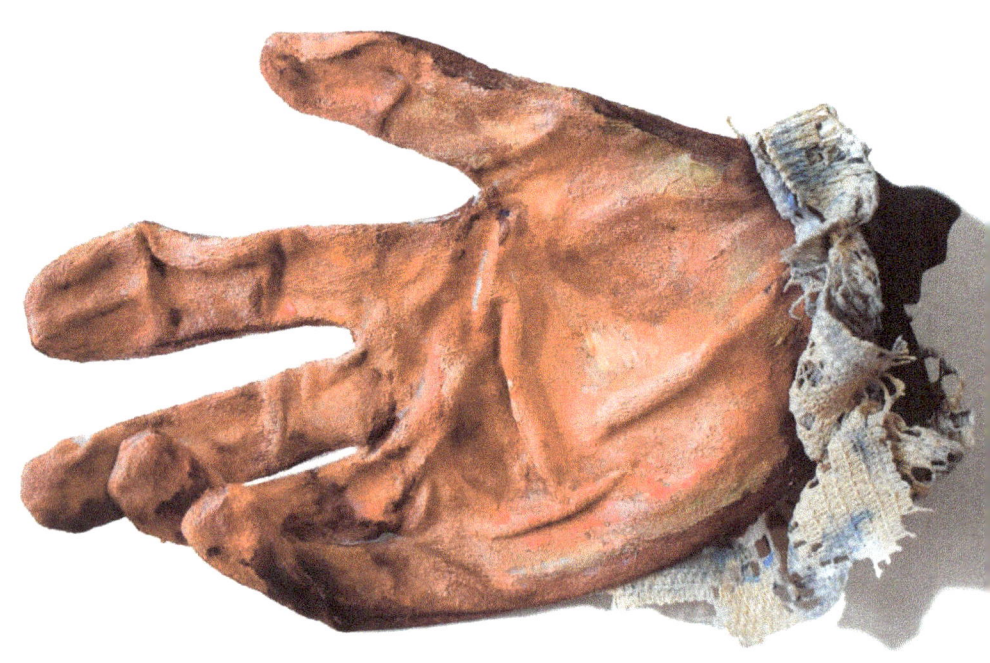

tabhair dom
do lámh
hmm . . . ar athsmaoineamh dom

give me
your hand
hmm . . . on second thoughts

Admhálacha / Acknowledgements

Cover and final image:
Kris Racaniello
George Washington's Hand
(Lansdowne Portrait), acrylic on cotton art handler's glove with lace trim. 8x5". 2021

Tuilleadh Léitheoireachta / Further Reading

Loneliness / Uaigneas
Haiku for older children with a gallery of international art, old and new
(Published by the author, 2025)

Meditation on Known Mysteries
Tanka poems in Irish and English,
31 syllables in a configuration of 5-7-5-7-7
(Published by the author, 2025)

Fluttering their way into my head: *an exploration of haiku for young people*
(Evertype, 2014)

Sneachta: *transcreations in Irish & English of Issa's snow haiku*
(The Onslaught Press, 2016)

Haiku, más é do thoil é!
Irish-language book for young readers, exploring the joy of haiku
(An Gúm, 2014)

A Sweater for the Tayfel:
Bilingual haiku in response to artwork
by Issacher Ber Rybek (Ukraine)
(Buttonhook Press, 2022)

Iarfhocal / Afterword

Tugtar haiku pictiúrtha (nó senryū pictiúrtha) ar an saothar atá sa leabhar seo, dánta ar spreag obair ealaíne iad, idir shean is nua. Is é is senryū ann ná haiku éadrom agus an bhéim ann ar dhaoine seachas ar an dúlra.

Ba mhaith le húdar Tabhair Dom Do Lámh / Give Me Your Hand a shamhlú go bhfuil léitheoirí aige a bhainfidh triail as haiku, nó haiku pictiúrtha, mar chaitheamh aimsire cruthaitheach dóibh féin.

Tá roinnt haiku anseo chomh maith leis an máistir mór Seapánach Issa, duine a chum breis is 20,000 haiku!

Go leor de na haiku sa leabhar seo, baineann siad le leochaileacht an domhain. Rud leochaileach is ea teanga chomh maith. Fúinne atá sé ní hamháin an timpeallacht a chosaint ach ár dteanga shinseartha a chosaint chomh maith.

Is ionann teideal an leabhair seo agus píosa ceoil álainn a luaitear go minic leis an gCaireallánach ach nach leis é, dáiríre, ach le dall eile, Ruaidhrí Dall Ó Catháin (Cathánaigh is ea mo mhuintirse ar thaobh mo mháthar de, dála an scéil).

Ceapann daoine áirithe nach raibh a leithéid de dhuine ann in aon chor. Ná bac leo. Dúradar an rud céanna fúmsa.

~

These haiku and senryū (light-hearted haiku) are called 'ekphrastic', which means that they were written in creative partnership with works of visual art, old and new.

The author of Tabhair Dom Do Lámh / Give Me Your Hand sincerely hopes that some young readers will experiment for themselves with ekphrastic haiku as an inspiring hobby. It can become more than a hobby; ekphrastic haiku can become a meaningful way of life by forging sensitive links with the world we live in and appreciating artwork in a deeper way.

This book includes some haiku by a great Japanese master, Issa, who composed over 20,000 haiku.

Many of the haiku in this book refer to the beauty and fragility of our world. The languages of the world are also beautiful and many of them are fragile. Irish, the senior language of Ireland, almost died. We have a duty to protect and nourish it, the language of the oldest literature in Europe, after Greek and Latin.

The title of this book echoes a popular Gaelic tune composed by the 17th century blind harpist Ruaidhrí Dall Ó Catháin and is one of the most widely recorded pieces of Irish classical folk music.

(Ó Catháin / Keane is the surname of my mother's family, by the way). The tune is often wrongly attributed to another blind harpist, O'Carolan.

Mystery surrounds Ruaidhrí Dall and some scholars boldly claim that he never existed at all! (I hear similar rumours about myself and usually ignore them).

Another Haiku Book for Older Children

Loneliness
Uaigneas

Gabriel Rosenstock

Bilingual haiku, in Irish and English, for older children (10 -13) with an international gallery of delightful artwork.

Gabriel's charming books will help you to master the art of haiku.
        Emiko Miyashita (An tSeapáin / Japan)

www.ingramcontent.com/pod-product-compliance
Lightning Source LLC
Chambersburg PA
CBHW051602010526
44118CB00023B/2791